Einfache Gedichte

Dragos Ionel

Für Dich

Einfache Gedichte

deutsch – englisch

von

Dragos Ionel © 2012

aus dem Kanadischen

von

Uwe David © 2016

Titel der Originalausgabe

simple poems

Bibliografische Information der Deutschen Nationalbibliothek

Die Deutsche Nationalbibliothek verzeichnet diese Publikation in der Deutschen Nationalbibliografie. Detaillierte bibliografische Daten sind im Internet über http://dnb.d-nb.de abrufbar.

Umschlaggestaltung:

1. Auflage: © 2012 Uwe David

2. Auflage: © 2016 Uwe David

Umschlagfotos: Ryan Scott, Uwe David

Fotos im Text: Uwe David

Zweisprachige, deutsch-englische Ausgabe unter dem Titel: *Einfache Gedichte*

Erste Auflage: © 2012 Uwe David

Zweite, leicht überarbeitete und farbig ergänzte Auflage: © 2016 Uwe David

Herstellung und Verlag: BoD - Books on Demand, Norderstedt

ISBN: 978-3-7412-5183-2

Weitere Informationen: http://www.einfache-gedichte.jimdo.com

Danksagung und Anmerkungen zur Übersetzung

Für die kontinuierliche Unterstützung bei der Arbeit an dieser Ausgabe und für die Überlassung von Materialien bedanke ich mich beim Autor und bei Ryan Scott.

Für diese neue, zweite Auflage hat Toni Grabmayer das Korrekturlesen übernommen und auch die Fehler gefunden, die bisher übersehen wurden.

An der Übersetzung selbst habe ich hier und da noch ein wenig gefeilt und einige Gedichte mit farbigen Foto-Hintergründen versehen, die mir passend erschienen, die Wirkung der Worte zu verstärken.

Neu ist auch, dass das Buch jetzt von einer Webseite begleitet (http://www.einfache-gedichte.jimdo.com) wird. Wer möchte, kann dort im Gästebuch Kommentare oder Anregungen hinterlassen.

Besonders die Übertragungen der Gedichte in Reimform hat sehr viel Spaß gemacht und stellte für mich eine Herausforderung dar. Der Leser möge beurteilen, ob sie gelungen sind.

Alle in diesem Buch zitierten Haikus stammen aus Dragos Ionels *proceed – haicu collection* (Toronto: Adelante Consulting Inc., 2012).

Uwe David, im August 2016

Inhalt / *Contents*

Widmung	2
Inhalt / *Contents*	6
Danksagung und Anmerkungen zur Übersetzung	5

Nachrichten	//	*News*	10
Der Pfad	//	*Path*	12
Das Leben	//	*Life*	14
Tagtraum	//	*Day Dream*	16
Mach dir keine Sorgen	//	*Don't Bother*	18
Mein Freund	//	*My Friend*	20
Ich versteh das nicht	//	*I Don't Get It*	22
Die Suche	//	*The Search*	24
Wolken	//	*Clouds*	26
Verliebt	//	*I'm in Love*	28
Biografie	//	*Biography*	30
Der Herr	//	*The Lord*	32
Krieger	//	*I am a Warrior*	34
Der Same	//	*The Seed*	36
Garten	//	*Garden*	38
Der Tempel	//	*The Temple*	40
Anders	//	*Different*	42
Bedeutend	//	*Important*	44
Der König	//	*The King*	46
Kreise	//	*Circles*	48
Der Schmerz	//	*The Pain*	50
Gesuche	//	*Requests*	52

Der Verrückte	//	The Crazy Man	54
Ich bat	//	I Asked	56
Das Buch	//	The Book	58
Der Weg	//	The Way	60
Vergebung	//	Forgiveness	62
Wunderschön	//	Beautiful	64
Liebe	//	Love	66
Kinder	//	Kids	68
Ich weiß wenig	//	I Know Little	70
Der Besuch	//	The Visit	72
Krieg	//	War	74
Der Job	//	Job	76
Der Jüngste Tag	//	Judgment Day	78
Ich fragte Dich	//	I asked You	80
Schwierig	//	It's Difficult	82
Das Leben ist ein Kampf	//	Life is a War	84
Was von beiden	//	Which one	86
Arbeit	//	Work	88
Ich wünschte	//	I Wanted	90
Ich sehnte mich	//	I Longed	92
Wichtig zu sein	//	Being Important	94
Die Wolke	//	The Cloud	96
Ich bin	//	I Am	98
Der See	//	The Lake	100
Zweck	//	Purpose	102
Babys	//	Babies	104

Frostiges Wetter
Doch über den Welten scheint immer noch
Die Sonne

Chilly weather
Still shines above the worlds
The sun

Nachrichten

Mit den Nachrichten stimmt etwas nicht
Alles dreht sich um die anderen
Was geht mich das an? Was kümmert es mich?
Wenn es doch wenigstens
Nur um mich ginge
Wie ging es mir gestern?
Wie viele Schritte ging ich vorwärts?
Wie viele zurück?
Konnte ich Punkte gutmachen?
Hab ich welche verloren?
Hab ich genug gegeben?
Genug geholfen?
Zu viel geredet?
Zu viel geprahlt?
Bin ich zu still gewesen?
Hab ich die Zeit genutzt oder
Hatte ich's zu eilig?
Hab ich was Nützliches gelernt?
Nutzloses vergessen?
Zu wenig geträumt?
Zu viel geträumt?
Zu wenig gespielt?
War ich zu ernst?
Habe ich genug geliebt?
Die Nachrichten sind kaputt
Das ist die Nachricht des Tages
Und die dreht sich um dich

News

The news distribution is broken
Each piece is about other people
Why do I care? Why would I care?
I would like the news to be only
About me
How did I do yesterday?
How many steps forward?
How many backward?
Did I win any points?
Did I lose any?
Did I give enough?
Did I help enough?
Did I speak too much?
Did I brag too much?
Did I keep quiet too much?
Did I use the time or
Did I hurry too much?
Did I learn something useful?
Did I forget something useless?
Did I dream too little?
Did I dream too much?
Did I play too little?
Was I serious too much?
Did I love enough?
The news system is broken
This is the news of the day
And it is about you

Der Pfad

Laufe ich den Pfad hinunter
Muss ich lachen, ganz mitunter

☙

Alle sind so seriös
Manche sogar mysteriös

❧

Geben vor den Weg zu kennen
Doch's ist nur ein blindes Rennen

☙

Denn der Knackpunkt bei der Sache ist
Dass niemand weiß, woran er ist
Wohin wir geh'n, warum und wie

❧

Doch ganz bestimmt, hurra, hurra
Wir finden ihn, den Weg, den wahren
Der weder drunten liegt, noch dort, noch da
Doch tief im Innern – Wunderbaren

Path

Walking down the path
I can't refrain to laugh

    ಬ

We are all so serious
Some are so mysterious

    ಜ

We pretend the way we know
When we're walking in a row

    ಬ

But the funny thing it is
None of us have any clue
Where we're going, why and how

    ಜ

But it's sure we'll find somehow
That the way is clear and true
But not down or up or side
It's just straight and deep inside

Das Leben

Mann, das Leben ist so hart
Wenn es rauf und runter geht
Doch eine Stimme kam und fragte
Warum sitzt du im Distelbeet?
Aufzustehn wär schon genug

ℬ ℭ

Mensch, wie schaut die Zukunft aus
Wenn das Glück verschwindet, dich verlässt
(Stimme:) Fortuna leert nicht immer's Füllhorn aus
Doch holt der Schweiß sie wieder in dein Nest

ℬ ℭ

Oh, dieser Berg ist hoch, so hoch
Ihn zu erklimmen, macht mich schwach
Ach, sagt die Stimme, ach, mein Kleiner, ach!

ℬ ℭ

Komm in die Füße, in die Hufe
Denn Erfolg braucht auch Versuche

Life

Man, the life is all so tough
When you're sitting in the rough
But a voice came close and asked
Why you're sitting in a dump?
Standing up is just enough

ಏ ಅ

Gosh, the future seems so dark
When you're running out of luck
Voice said: Luck is never in a stack
Sweating brings the fortune back

ಏ ಅ

Oh, this mountain is so high
Getting over makes me cry
Voice said: What a baby, oh, my, my

ಏ ಅ

Move your feet and fly the sky
You can do it if you try

Tagtraum

Ich träume von einem Morgen,
In dem es kein „mehr" mehr gibt,
    sondern nur noch „eins"
In dem das „Du" mehr Wert ist als das „Ich"
Wenn du mein Kind bist und ich deins
Wenn du mein Freund bist,
    selbst, wenn du es nicht weißt
Wenn es keine Schlüssel mehr gibt,
    weil die Schlösser vergessen sind
Wenn es keine Landkarten mehr gibt,
    weil der Weg bekannt ist
Wenn es keine Eile mehr gibt,
    weil alles, was wir brauchen, hier ist
Wenn die Menschen nur noch vor Glück weinen

    ৪০ ୧ଃ

Ich fragte meinen Lehrer
Wie kann ich die Welt so verändern?
Er sagte
Gar nicht. Ändere nur dich selbst

Day Dream

I am dreaming of a tomorrow when
There is no "more"
                    but "one"
When "You" is more important then "I"
When you are my child and I am yours
When you are my friend
                    even if I don't know you
When there are no keys
                    because locks are forgotten
When there are no maps
                    because the way is known
When there is no rush
                    because what we need is here
When people are crying only for happiness

        ಠ ಐ

I asked my teacher
How can I change the world to be so?
He said
Don't! Just change yourself

Mach dir keine Sorgen

Warum nach draußen schauen
Wenn's drinnen dunkel ist?
Wie kann man das Ganze sehen
Ohne seine Teile zu kennen?
Warum sich sorgen um das Danach
Ohne das Vorher zu kennen?
Warum fragen
Wenn wir die Antwort nicht verstehen?
Warum rennen
Wenn alles hier ist?
Warum nach etwas schreien
Was uns nie gehört hat?
Die Antwort, mein Freund, lautet
Dass es keine Antwort gibt
Warum sich also Sorgen machen?

Don't Bother

What is the use of checking outside
When inside it is dark
How can we know the whole
When we don't know the part
Why worry about what is after
When before is unknown
Why taking the trouble to ask
When we cannot understand the answer
Why running
When everything is here
Why crying after something
That was never our own
The answer, my friend, is
That there is no answer
Why bother then?

Mein Freund

Zum liebsten Freund ich einmal sprach
– Komm, ich zeig dir, wie man rennt!
– Sei mir nicht böse, sieh's mir nach
Doch Herumzulaufen, sei's geschenkt

ଓ

Hab's heute Morgen schon probiert
Und jetzt schmerzen mir die Glieder
Meine Mühen wurden nicht gekürt
Genug probiert, nicht noch mal wieder

ଓ

– Lass mich dir zeigen, wie man fliegt
Versuch es, ja, du kannst dich heben
– Fliegen, wie die Biene stiebt?
Nein, nein, mein Freund, lass mich in Frieden
Der Himmel, der ist nichts für mich
Hat er doch nichts, das misste ich

ଓ

– Wie wär's dann mit dem Himmelreich?
Jetzt schaut mein Freund mich gradaus an
Zählt dann von Eins bis Sieben gleich
– Das glaubst du selbst nicht, Mann oh Mann
Denn Himmel, Hölle usw.
Die gibt es nicht, nicht hier noch drüben
Schnell, lauf und hol dir eine Leiter
Ich bleib hier – bleib besser liegen

My Friend

I told my dearest friend
– Come, I'll show you how to run!
– I don't want to offend
But running is no fun

ଓଃ

I tried it this morning
And ended up in pain
It came out to nothing
Don't want try it again

ଓଃ

– Let me show you how to fly
You can do it if you try
– Fly?!? What you think I am a bee
No my friend, just give me peace
Up the sky is not for me
Nothing there that I would miss.

ଓଃ

How about a trip to heaven?
Now my friend just looked at me
And he counted up to seven
– You have lost it I can see
Heaven, hell and so alike
They are not, nor here nor there
Better go and take a hike
I'm not going anywhere.

Ich versteh das nicht

In der Schule
Hab ich es nicht begriffen
Traf Menschen und begriff es immer noch nicht
Hab geheiratet – Kinder, Enkel
Hab's ein bisschen kapiert, doch …

Dann traf ich Dich
Und begriff
Dass zu verstehen
Nicht das Ziel war

Dich zu erkennen
War es

Und da
Verstand ich es

I Don't Get It

I went to school
And I did not get it
I met people, and I still did not get it
Married, had kids and grand kids
I partially got it, but still ...

I then met You
And I understood
That understanding
Was not the aim

Knowing You
Was

And then
I got it!

Die Suche

Der Berg
War nicht so hoch wie erwartet
Der Ozean
Nicht tief genug
Das Auto zu langsam
Das Haus zu klein
Der Duft der Blumen
Nicht vollkommen
Der Job war schlecht bezahlt

Dann schloss ich meine Augen und hörte auf
Nach dem höchsten Berg zu suchen
Dem tiefsten Ozean
Dem größten Haus
Dem schnellsten Auto

Hörte auf zu schauen und begann zu sehen
Hörte auf zu lauschen und fing an zu hören
Hörte auf zu denken und begann zu verstehen

Oh, hier sind sie alle, tief drinnen
Genau wie Du

The Search

I went to the mountain
But it was shorter than expected
I then travelled the ocean
And it was not deep enough
I got a car and it was slow
A house I got and it was small
Flowers I planted
Their fragrance wasn't perfect
I got the job but it did not pay enough

I then closed my eyes and I stopped
Looking for the highest mountain
Deepest ocean
Biggest house
And fastest car

I stopped looking and I started seeing
I stopped listening and I started hearing
I then stopped thinking and I started understanding

Oh, here they all are, deep inside
And so are You

Wolken

Wolken sind nützlich. Sie verbergen die Sonne
Machen sie schöner
Die Nacht ist wunderbar. Ihre Dunkelheit hilft uns
Die Sterne zu sehen, den Mond
Und den Morgen
Sorgen sind großartig. Sie lehren uns von
Glück und Freude und von Gott
Die Kälte lehrt uns
Von der Wärme, die wir verbreiten sollten

Wir werden nur gestoßen, um es zu genießen
Von genau derselben Hand
Getröstet zu werden
Die uns gestoßen hat

ಌ ಚ

Clouds

Clouds are useful, they hide the sun
Make it more beautiful
Night is great, its darkness helps us
See the star and the moon
And the morning
Sorrow is great, it teaches us about
Happiness and joy and God
Cold is teaching us about
The warm we should spread around

We are pushed just to
Enjoy when we are comforted by
The same very hand
That pushed us

೫ ೧೩

Verliebt

Gerade geboren

Verliebe ich mich in das Licht, die Klänge

Und die Liebe meiner Mutter

Treffe Vater, Schwester, Oma, Opa

Und verliebe mich in sie

Auch die vielen Freunde

Habe ich gerne

Bei meiner Frau begegne ich ihr wieder

Bald kommen Kinder und jedes Mal wird sie noch mal so groß

Alle haben ihre eigenen Kinder und immer wieder

Bin ich verliebt

Was wohl als Nächstes kommt?, frage ich mich

Bald

Bin ich verliebt in die Liebe

I'm in Love

I have just been born
And I fall in love with the light, with the sounds
With my mother's love
Soon I meet my father, my sister, my grands
And I fall in love with them
Lots of friends I meet
And I love them too
I meet my wife and again there is love
But kids come soon and love doubles each time
They each have kids of their own, and again and again
I fall in love

What's next I wonder?
Soon
I fall in love with love

Biografie

Gerade auf die Welt gekommen
Muss meine Wäsche oft gewechselt werden
Ein Jahr später, hab ich anderes Spielzeug
Mit drei Jahren wechsle ich tagsüber das Haus
Gehe in den Kindergarten
Mit sechs tausche ich ihn gegen die Schule ein
Bin vierzehn
Gehe aufs Gymnasium
Achtzehn, Uni ich komme
Sechsundzwanzig, Familienleben, Auf Wiedersehen Elternhaus
Achtundzwanzig, einunddreißig, siebenunddreißig
Brauche ein anderes Bett, damit mehr Kinder hineinpassen
Himmlisch
Sechzig, ziehe wieder in ein andres Haus für weniger Kinder
Siebzig, hab ein neues Auto für viele Enkelkinder
Schnell ist alles wieder anders,
   Auto, Haus, Kinder, Bett und Leben
Da bin ich wieder –
   ein kleines Kind mit viel Wäsche zum Wechseln

ಌ

Biography

I've just been born
I need to change clothes often
I am one, I change the toys
I am three, I change the house, during the day
I started the kindergarten
I am six, I change it with a school
I am fourteen
High-school is my school
Eighteen, university here I come
Twenty-six, family life, good-bye parents' house
Twenty-eight, thirty-one and thirty-seven
I change my bed, more kids need to fit in
It's heaven
Sixty, I change my house, less kids to fit in
Seventy, I change my car, lots of grandkids to fit in
Soon all is changed,
    car, house, kids, bed and life
Here I am again,
    small kid with lots of clothes to change

Der Herr

Der Herr klopfte an meine Tür
Ich öffnete und ließ Ihn herein
Ich möchte, dass du rechtschaffen bist
Sagte Er
Ich versuchte es wirklich, aber es war nicht leicht
Ich versuchte und schaffte es
Doch bisweilen
Kam der Herr erneut
Und setzte sich auf mein Bett
Ich möchte, dass du das Spiel
Des Lebens genießt
Ich versuchte es, aber das Leben schien mir ernst
Die Arbeit, die Familie und alles
War ernst
Als ich einmal wütend war
Kam der Herr erneut
In Gestalt des Lichts
Du musst deinem Bruder vergeben
Deinem Nachbarn, deinem Vater
Deiner Vergangenheit, deiner Zukunft und dem ganzen Rest
Das war nicht schwer, aber ich konnte mir nicht vergeben
Und alles war vergebens
Mein Herr kam wieder
Und mit Sorgen empfing ich Ihn
Denn ich wusste, dass ich wieder versagen würde
Was soll ich diesmal versuchen?, fragte ich
– Nichts
Komm nur in Meine Arme
Schließ deine Augen und tue nichts
Ich wurde zu einem Teil meines Herrn
Und dann, erst dann
Vergab ich
Und genoss es
Und war rechtschaffen

The Lord

The Lord came at my door
I opened and let Him in
I want you to be righteous
He said
I did try, but it was not easy
I tried and I succeeded
But only now and then
The Lord came again
He came and sat on my bed
I want you to enjoy the play
Of life
I tried, but life seems serious to me
The work, the family, and all
Were serious
When once I was angry
The Lord came again
With body of light
Now you have to forgive your brother
Your neighbor, your father
your past, your future and all the rest
It was not difficult, but I couldn't forgive me
And all was for nothing
My Lord came again
And with sorrow I received Him
As I knew I will fail yet again
What should I try this time?, I asked
– Nothing this time
Just come in My arms
Close your eyes and do nothing
I became a part of my Lord
And then, only then
I forgave
And enjoyed
And was righteous

Krieger

Ich bin der größte Krieger
Auf der Welt
Schlachten hab ich täglich zu bestreiten
Morgens, mittags
Am Abend
Und manche sogar noch größere
In der Nacht
Die meisten gewinne, viele verliere ich
Aber ich kämpfe weiter
Und kämpfe und kämpfe
Mein Herr hilft mir
Und auf eine Art
Kämpfe ich in Seiner Armee
Er ist für mich da
In jeder Sekunde
Sogar wenn ich Ihn
In meiner Blindheit
Nicht sehe
Ich bin der größte Krieger
Weil ich einen erbitterten Feind habe
Mich

I am a Warrior

I am the greatest warrior
    In the world
        Daily battles come in my way
  In the morning, at noon
      In the evening
And some even greater
    In the night
     I win most of them, I lose lots as well
       But again I fight
       And I fight and I fight
  My Lord is helping me
    And in a way
      I fight in His army
 He is there for me
 Every second
     Even if
     In my blindness
     I don't see Him
    I am the greatest warrior
    As I have a fierce enemy
Me

Der Same

Bin nur ein Same
Aus dem Herzen
Des Herrn

Wurde gegossen
Umsorgt
Beschützt
Beschnitten
Ausgerichtet
Gestützt
Gestoßen
Getreten
Und getröstet

Warum?
Warum braucht mich der Herr?

The Seed

I am just a seed
From the heart
Of the Lord

I was watered
And cared
And protected
And trimmed
And adjusted
And supported
And pushed
And kicked
And comforted

Why?
Why does the Lord need me?

Garten

Ich ging in den Garten

Und jätete etwas

Unkraut

Dann goss ich

Die Blumen

Die Bäume wurden geschnitten

Zuletzt

Strich ich den Zaun

Mein Garten sieht wunderbar aus!

Mein Meister fragte

Und wann wirst du

Innen aufräumen?

৪০ ෬

Garden

I went out in the garden
And plucked some
Weeds
I then watered the
Flowers
Trees were trimmed
Last
I painted the fence
My garden looks wonderful!

My master asked
When will you clean
    Inside?

Der Tempel

Der Tempel meiner Seele
Liegt wieder
In Trümmern
Du hast ihn wieder repariert
Wieder
Und wieder
Hast Du mich besucht
So oft
Und jedes Mal
Hast Du die Wände gestrichen
Die Türen repariert
Die Fenster geputzt
Doch in meiner Unwissenheit
Hab ich ihn ruiniert
Wieder
Und wieder
Immer wieder
Was kann ich tun?
Fragte ich
Ganz einfach, antwortetest Du
Komm und folge Mir
Verlass deinen Tempel
Klein und einsam
Komm in Meinen Palast
Aber komm nicht allein

The Temple

The temple of my soul is
Again
In ruins
You fixed it again
And again
And again
You visited me
So many times
And every time
You painted the walls
Fixed the doors
Cleaned the windows
But in my ignorance
I ruined it
Again
And again
And again
What can I do
I asked
Simple, You answered
Come and leave with me
Leave your temple
Small and lonely
Come in my palace
But do not come alone

Anders

Möchte immer etwas anderes
Bin nur
Ein verwöhntes
Kind
Wenn Du mir ein rotes Spielzeug gibst
Möchte ich ein blaues
Und aus Mitgefühl
Machst Du ein blaues für mich
Wenn Du ein Zelt für mich aufgestellt hast
Möchte ich ein großes Haus
Und aus Mitgefühl
Gibst Du mir
Ein großes Haus
Ich möchte viel Geld
Obwohl Du weißt, dass
Wenig
Genug ist
Trotzdem gibst Du mir eine Menge
Und so viele
Nutzlose Dinge
Ich frage und
Du gibst mir
Die Hoffnung
Dass ich eines Tages
Nach dem Schatz
Fragen werde
Den Du für mich bewahrst
DICH

Different

    I always want different
    I am just
    A spoiled
    Kid
    I want a blue toy
When You give me a red one
And in Your compassion
You made a blue one for me
    I want a big house
When You prepared a tent for me
And in Your compassion
You gave me
A big house
    I want money lots
When You knew that
Little
Is enough
But lots You gave me
And so many
Useless things
    I asked and
You gave me
Hoping
That one day
I will want
The treasure
You have for me
YOU

Bedeutend

Ich wollte ein Jemand sein
So ging ich zur Schule
Und studierte hart
Doch ich war nur
Einer unter vielen
  Dann betrieb ich Sport
  Begann, gut auszusehen
  Doch keiner hat mich beachtet
  Sammelte Reichtümer
  Um die Menschen zu beeindrucken
  Häuser, Pferde, Ländereien und Gold
  Doch das machten auch viele andere
    Ich reiste, traf andere
    Mischte mich unters Volk
    Blieb allein
    Ging in Tempel
    Betete zu Göttern
    Lachte vor Freude
    Weinte vor Sorge
    Doch vergebens
    Ich war immer noch wie die anderen
      Verzweifelt
      Vergaß ich all das Wissen
      Verwarf die Taschen voller Gold
      Verwarf Sorgen und Gedanken voller Glück
      Und sackte leer zusammen
        Erst dann hast Du mich erfüllt
        Mit Dir
        Und dann wurde ich
        Bedeutend
        So wie jeder andere

Important

I wanted to be somebody
So I went to schools
And studied hard
But I was just like
Any other
    I then did sports
    And I became handsome
    But nobody noticed me
    I gathered riches
    For people to be amazed
    Houses and horses and lands and gold
    But so did many others
        I travelled, met others
        Joined the crowds
        Stayed alone
        Went to temples
        Prayed to Gods
        Laughed with joy
        Cried with sorrow
        But nothing
        I was still like others
            In despair
            I forgot all the knowledge
            Gave up the bags with gold
            Emptied my sorrows and happy thoughts
            And fell empty to the ground
                Only then You filled me
                With You
                And then I became
                Important
                Just like any other

Der König

Ich besuchte meinen König
    Herr, sagte ich
    Gib mir ein schönes Haus zum Leben
    Und Er tat es
    Ein schönes Haus mit einem Garten
    Und einen Teich mit goldnen Fischen
    Und das war gut für eine Weile
Als ich Ihn das nächste Mal besuchte
    Bat ich um eine Familie
    Und Er gab mir
    Eine gute Frau
    Und wunderbare Kinder
    Und das war gut so
    Für eine Weile
    Ich bat um Essen, Kleidung und Gesundheit
    Und Er gab sie mir
    Und meiner Familie
    Und das war gut
    Für eine Weile
Als ich Ihn das nächste Mal besuchte
    Wusste ich nicht, worum ich Ihn bitten sollte
    Deshalb sagte ich
    Herr, da gibt es nichts, was ich will
    Was möchtest Du mir geben?
    Nichts, sagte Er
    Nimm einfach deine Familie
    Und folge Mir
    Ich werde dich zu Meinem Diener machen
    Und ich tat es
    Und es war gut
    Für immer

The King

I visited my king
    Lord, said I
    Give me a nice house to live
    And He did
    A nice house with a garden
    And a pond with golden fish
    And that was good for a while
Next time I visited
    I asked for a family
    And He gave me
    A good wife
    And beautiful children
    And that was so good
    For a while
    I asked for food and cloth and health
    And He gave them to me
    And to my family
    And that was good
    For a while
Next time I visited
    I had nothing to ask for
    So I said
    Lord, it is nothing that I want
    What is it You would like to give me?
    Nothing, He said
    Just take your family
    And move with Me
    I will make you My servant
    And I did
    And it was good
    Forever

Kreise

Ich lief immer weiter
Tag für Tag
Jahr für Jahr
Leben um Leben
Doch aus einem bestimmten Grund
Kehrte ich immer zum selben Punkt zurück
Wieder und wieder
Vielleicht läufst du im Kreis
Sagte ein weiser Mann
Vielleicht, sagte ich
Doch was ist der Punkt?, fragte ich
Der Punkt ist der Punkt, sagte er
Was für ein Punkt?, fragte ich
Siehst du, ich bin nicht so schlau
Der Punkt ist der, um den du dich drehst
Also schaute ich auf den Mittelpunkt des Kreises
Und sah Dich
Und ich verstand, was
Ein Freund
Meinte, als er sagte
Jeden Schritt, den ich mache
Ist ein Schritt herum um
Dich

Circles

I kept on running
Day after day
Year after year
Life after life
But for some reason
I got to the same point again
And again and again
Maybe you move in circles
A wise man said
I might, said I
But what's the point? I asked
The point is the point, he said
What point, I asked
I am not that smart you see
The point you are moving around is the Point
So I looked to the center of the circle
And I saw You
And I understood what
A friend
Meant when he said
Every step I take
Is a step around
You

Der Schmerz

Ich bin ein Baum
Und der Gärtner
Kommt oft
Manchmal sogar wenn
Ich schlafe
Er stutzt meine Äste
Entfernt die gelben Blätter
Und das tut weh
Jeden Morgen
Jeden Nachmittag
Jeden Abend
Und ich frage mich
Warum bereitet er so großen
Schmerz?
Aber die Zeit vergeht
Der Frühling kommt
Der Sommer kommt
Der Herbst
Und ich trage Früchte
Wunderbare saftige riesige rote
Früchte
Mein Gärtner kommt
Und pflückt sie
Und teilt sie mit der Welt
Endlich verstehe ich
Der Schmerz ist doch zu etwas gut

The Pain

I am a tree
And the gardener
Comes often
Sometimes even when
I sleep
He trims my branches
Removes the yellow leaves
And that is painful
Each morning
And noon
And evening
And I wonder why
Why is he causing so much
Pain?
But time goes
And spring comes
And summer comes
And autumn comes
And I bear fruits
Wonderful, juicy, huge, red
Fruits
My gardener comes
And picks them up
And shares them with the world
I finally understand
The pain is useful after all

Gesuche

Ich bat um Geld
Du gabst mir Geld
Ich bat um ein Haus
Du gabst es mir
Ich bat um eine Familie
Und bekam eine wunderbare
Ich wollte wissen, wer ich bin
Und lernte Dich kennen
Es ist toll
Geschäfte zu machen
Mit Dir

ಏ ಐ

Requests

I asked for money
And You gave me money
I asked for a house
And You gave it to me
I asked for a family
And I got a beautiful one
I asked to get to know me
And I got to know You
It is great doing business
With
You

ೞ ಚ

Der Verrückte

Der verrückte Mann
An der Straßenecke
Lacht mich aus
Ich frage mich, warum?
Ich bin ein ernsthafter Mensch
Mit einem guten Job
Aus gutem Hause
Angesehen
Wertvoll für diese Welt
Bin klug und weise, kenn mich aus in
Geschichte, Geografie
Physik und Astronomie
Nicht viele sind so wie ich
Der Verrückte lacht mich aus
Ich frage mich, warum?

The Crazy Man

The crazy man
At the corner of the street
Laughs at me
I wonder why?
I am a serious person
With a good job
Good house
Good position
I am of value to the world
I am smart and wise and know
History, geography
Physics and astronomy
Not many are like me
The crazy man laughs at me
I wonder why?

Ich bat

Ich bat um Wissen
Du gabst mir Bücher
Die Welt, sie zu bereisen
Und Menschen, um sie kennenlernen
Was kommt als Nächstes?, fragte ich
Erkenne dich selbst, sagtest Du
Und ich schaute
Nach innen
Tief nach innen
Und sah Dich
Was ist das für ein Scherz?, fragte ich
Alles ist ein Scherz, sagtest Du
Du bist nichts als ein Spiegel
Nur dann kann ich mich selbst erkennen

I Asked

*I asked for knowledge
You gave me books
The world to travel
And people to know
What next?, I asked
Know thyself, you said
And I looked
Inside
Deep inside
And I saw You
What kind of a joke is this?, I asked
All is a joke, You said
You are nothing but a mirror
And only then I knew Me*

Das Buch

Ich möchte ein Buch schreiben
Also las ich viele andere Bücher
Und schrieb ein Buch
Doch die Leute mochten es nicht
Und sagten
Da steht nichts Neues drin in deinem Buch

Also bat ich Dich
Das Buch
Mit meinem Stift zu schreiben
Du schriebst ein Buch
Die Menschen mochten es
Und sagten
Was für ein erstaunliches Buch hast du geschrieben

Und ich lachte
Du liebst es bestimmt, den Menschen Streiche zu spielen

☞ ☜

The Book

I wanted to write a book
So I read so many other books
And wrote a book
But people did not like it
They said
There is nothing new in your book

So I told You
Please You write the book
And use my pen
And You wrote a book
And people loved it
They said to me
What an amazing book you wrote

And I laughed
You sure like to play tricks on people

ೞ ೢ

Der Weg

Wo ist der Weg?, fragte ich Dich
  Gib einfach alles auf
    Dein Haus, deine Familie und Freunde, sagtest Du
   Ich tat es
    Schloss die Augen
      Und alles war verschwunden
        Mein Haus, Familie und Freunde
       Dann schaute ich nach innen
        Da warst Du
       Und bei Dir
          Mein Haus, meine Familie, meine Freunde

                ꕞ ꕢ

The Way

What is the way I asked You
  Just give up all
    Your house, your family and friends, You said
      I did
        I closed my eyes
          And all was gone
            My house and family and friends
              I then looked inside
                And there was You
                  And with You
                    Were my house and family and friends

ಠ ಛ

Vergebung

Vergib mir Herr
Denn ich habe gesündigt

Der Herr lachte
Du brauchst meine Vergebung nicht
Du bist wie ein
Kind
Das nichts weiß von
Pfützen
Hüpft von einer
In die andre

Was soll ich
Stattdessen tun?

Nimm einfach ein Bad
Im Fluss
Und halte dich fern von
Den Pfützen

☙

Forgiveness

Forgive me Lord
For I have sinned

Lord laughed
You don't need my forgiveness
You are like a
Child
Who not aware of
Puddles
Jumps from one
To another

What should I do
Then?

Just take a bath
In the river
And stay away from
The puddles

ಖ

Wunderschön

Ich bin

So

☙ Wunderschön ❧
☙ Alles ist wunderschön ❧

An mir
Die Augen
Mein Mund
Die Ohren
Der Kopf, mein Körper, die Beine
Ich schau mich um
Und ich sehe
Niemanden
Der nicht

☙ Genauso wunderbar ist ❧

Wie ich
Es ist eine

☙ Wunderbare ❧

Welt
Schlussendlich

Beautiful

I am

So

ೞ   *Beautiful*   ೲ

ೞ   *Everything is beautiful*   ೲ

In me

My eyes

My mouth

My ear

My head, my body, my legs

I looked around

And I couldn't find

Anybody

Who is not

ೞ   *As beautiful*   ೲ

As me

It is a

ೞ   *Beautiful*   ೲ

World

After all

Liebe

Sie sagen die Liebe
Ist die Antwort
ಒ ಚ
Und sie ist es
Für eine Weile

Der Vogel liebt
Sein Lied
Seine Jungen
Sein Futter
Sein Nest
Seinen Baum
Seine Wälder
ಒ ಚ
Doch ich bin genauso
Also, wo liegt der Unterschied
Zwischen mir und dem Vogel?

Schließlich begriff ich
ಒ ಚ
Für uns ist die Liebe nicht die
Antwort
Sondern LIEBE ist
ಒ ಚ

Love

They say love

Is the answer

ೞ ೞ

And it is

For a while

The bird loves

His song

His little ones

His food

His nest

His tree

His woods

ೞ ೞ

But so am I

So what's the difference

Between me and the bird?

Finally I understood

ೞ ೞ

For us it is not love that is the

Answer

But LOVE is

ೞ ೞ

Kinder

Ich erzählte
Meinen Kindern
Von Gott

Aber sie sagten
Was du sagst
Macht nicht viel
Sinn
Warum zeigst du
Ihn
Nicht uns?

Kinder von heute ...
Was wissen sie schon?

Kids

I was explaining to
My kids
About God

But they asked
What you say
Doesn't make too much
Sense
Why don't you show
Him
To us?

Kids of today ...
What do they know?

Ich weiß wenig

Weiß nicht
Was ich hier mache
Woher ich komme
Wohin ich gehe

Folge einfach Dir
In Deinem Schatten
Zu Laufen
Ist genug
Für mich

I Know Little

I know not
What I am doing here
Nor where I come from
Where I go

I just follow You
Going in Your
Shadow
Is enough
For me

Der Besuch

Der König
Schickte eine Botschaft
Dass Er mich
Besuchen kommt
Ich putzte das Haus
Deckte
Den Tisch
Kochte leckeres
Essen
Er kam
Ich bat Ihn herein
Dein Haus ist zu voll, sagte Er
Bring die Stühle nach draußen
Den Tisch
Deine Läufer
Alles, was dir gehört
Als mein Haus
Leer war
Kam Er
Und saß mit mir auf dem
Boden
Jetzt ist es Mein Haus
Ich werde es nie verlassen

The Visit

The king
Sent message
That He will visit
Me
    I cleaned the house
    Set up the
    Table
    Prepared tasty
    Food
He came
I invited Him inside
    Your house is too full, said He
    Take out you chairs
    Your table
    Your rugs
    Your everything
When my house
Was empty
He came
And sat with me on the
Floor
    This is My house now
    I will never leave it

Krieg

Mein Meister rief mich
Du musst in den Krieg ziehen
Den Feind vernichten
Die Welt verändern
Unermessliche Reichtümer zusammentragen
Für Mich

Ich weiß nicht, wie man kämpft
Sagte ich
Ich weiß nicht, wie man angreift
Wie man sich verteidigt
Ich weiß nicht, welchen Weg ich nehmen muss
Welchen, um zurückzukehren
Ich weiß wenig
Wie kann ich helfen?

Ich werde dir
Eine geheime Waffe geben
Die du benutzen kannst
Um die Welten zu erobern

Zeig sie mir, Meister
Wie wird sie genannt?

Liebe, sagte Er
Du wirst lernen, sie zu gebrauchen
Während du kämpfst
Jetzt geh

War

My Master called me
You are to go to war
Destroy the enemy
Transform nations
Collect unlimited riches
For Me

> *I know not how to fight*
> *Said I*
> *I know not how to attack*
> *How to defend*
> *I know not which way to go*
> *Which way to come back*
> *I know little*
> *How can I help?*

I will teach you about
A secret weapon
You can use it
To conquer the worlds

> *Show it to me, Master*
> *What is it called?*

Love, He said
You will learn it
While you fight
Go now

Der Job

Du hast um meine Hilfe gebeten
Und ich eilte schnell herbei
An Deiner Seite
Arbeitete ich hart für
Dich
Bewachte Dich
Brachte Dir zu essen
Wasser und Früchte
Befolgte Deine Befehle
Überbrachte Deine Botschaften
Der Welt
Mein Dienst ging zu Ende
Und ich kam zu Dir
Um meinen Lohn zu erhalten
Du lachtest
Du hast ihn schon erhalten
Sagtest Du
Für Mich zu arbeiten
Ist dein Lohn
Ich lachte
Du hattest recht
Und ich bat darum
Weiter zu dienen
In Deiner Güte
Stimmtest Du zu

Job

You asked for my help
And I came quickly
By Your side
I worked hard for
You
I guarded You
Brought You food
And water and fruits
I followed Your orders
Took Your messages
To the world
My service came to an end
I came to You
To get my pay
You laughed
You already received your pay
You said
Working for me
Is your pay
I laughed
You were right
And I asked
To continue to serve
In Your kindness
You agreed

Der Jüngste Tag

Oh, mein ...
Der Jüngste Tag war da
Ich erschien vor Dir
Du hast Dich nach mir erkundigt
Ich berichtete Dir von meinen netten Worten
Die ich mit anderen teilte
Von meiner Großzügigkeit
Meinen Nachbarn gegenüber
Von den Kindern, die ich aufzog
Und den Menschen, die ich rettete
Von den Bäumen, die ich pflanzte
Den Häusern, die ich baute
Von den Gebeten, die ich sprach
Und Tempeln, die ich besuchte
Von den Gurus, denen ich folgte
Und Jüngern, die ich unterrichtete
Nichts schien Dich
Zu interessieren
Du schautest in mein Herz
– Sag mir wie viel du geliebt hast
Ich liebte meine Eltern, sagte ich
Meine Frau, meine Kinder
Meine Nachbarn und Freunde
Meine Lehrer und Brüder
Nein, sagtest Du
Ich habe nicht gefragt, wen du liebtest
Ich fragte
Wie sehr du geliebt hast?

Judgment Day

Oh, my ...
The judgment day has come
I came before You
You asked about me
I told You of my nice words
I shared with others
Of my generosity
To my neighbors
Of the kids I raised
And people I saved
Of trees I planted
And houses I built
Of praises I prayed
And temples I visited
Of gurus I followed
And disciples I taught
Nothing seemed to interest
You
You looked down inside my heart
– Tell me about how much you loved
I loved my parents, said I
My wife, my kids,
My neighbor and friends
My teachers and brothers
No, You said
I did not ask whom you loved
I asked
How much you loved?

Ich fragte Dich

Ich fragte Dich über Pflanzen
Und Du hast geantwortet
Es war schön
Neue Dinge zu lernen
Ich fragte Dich nach dem Universum
Und Du hast wieder geantwortet
Alles war so
Interessant
Dann fragte ich Dich
Was ist mit mir?
Du sagtest
Du wirst die Antwort finden
Wenn du aufhörst
Fragen zu stellen
Da blieb ich still
Und ich verstand mich selbst

I asked You

I asked You about plants
And You answered
It was nice to learn
New things
I asked You about universe
And You answered again
All was so
Interesting
I asked You then
What about me?
You said
You will find the answer
When you will stop
Asking questions
Then I kept quiet
And I understood myself

Schwierig

Alles ist schwierig

Geboren zu werden
Laufen
Reden
Arbeiten
Rennen
Suchen

Zu finden ist
Auch nicht leicht

Kannst Du mir helfen?
Fragte ich dich

Ich dachte schon, du würdest
Nie fragen, sagtest Du

Und alles wurde

Einfach

It's Difficult

All is difficult

Being born
Walking
Talking
Working
Running
Searching

Finding is not easy
Either

Can You give me a hand?
I asked You

I thought you'd never
Ask, You said

And all became

Easy

Das Leben ist ein Kampf

Das Leben ist ein Kampf
Unsre Geburt
Das Lernen
Entdecken
Leben auf Leben verbringen wir im
Kampf
Welten auf Welten
Besuchen wir kämpfend
Das Leben ist ein Kampf
Um zu gewinnen
Muss ich weniger ein
Worrier[1]
Sein und mehr ein
Warrior[2]

---

[1] engl. = Zweifler
[2] engl. = Krieger, Kämpfer.
Beide Worte werden im Englischen gleich ausgesprochen. Leider ist mir im Deutschen bis jetzt kein Wortspiel eingefallen, das einen ähnlichen Sinn ergibt.

Life is a War

Life is a war
We are born with a struggle
Learn with a struggle
Discover in struggle
Life after life we pass with a
Struggle
World after world
We visit also with struggle
Life is a struggle
In order to win
I have to stop being a
Worrier
And become a
Warrior

Was von beiden?

Wissen macht dich
Ernst
Freude zu einem
Kind
Was wirst du
Wählen?

☙ ❦

Which one?

*Knowledge makes you
Serious
Joy makes you like a
Child
Which one will you
Choose?*

ಬ ೞ

Arbeit

Dachte, ich habe hart in diesem Leben gearbeitet
Um laufen zu lernen
Sprechen zu lernen
Arbeitete hart in der Schule
Für die Familie, die Kinder
Im Job
Doch die Wirklichkeit
Sieht anders aus
Meine Eltern arbeiteten hart, um das Laufen zu lehren
Die Menschen um mich herum,
    um mir das Sprechen zu lehren
Die Lehrer, um mir ein, zwei Sachen beizubringen
Meine Kinder lehrten mich unendlich viel, das ist wahr
Der Schmerz im Leben wies mir die Richtung
Ich dachte, ich arbeitete hart für Dich
Doch in Wirklichkeit hast Du
    die ganze Zeit für mich gearbeitet

Work

I thought I worked hard in this life
Worked hard to learn to walk
Worked hard to learn to talk
Worked hard at school
Worked hard for family, for my kids
Worked hard at work
But reality I have found
Is truly the other way around
My parents worked hard to teach how to walk
All people around me
      to teach me how to talk
Teachers worked to teach me a thing or two
My kids taught me infinite, that's true
The pain in life showed me direction where to go
I thought I worked hard for You
But truly You were working
      for me all the time

Ich wünschte

Ich wünschte mir Erleuchtung

Einen Guru

Mich selbst erkennen

Und die Welt

Ich wünschte mir einen Lehrer nur für mich

Jeden Tag

Um da zu sein

Mich zu führen

Zu schimpfen

Zu unterstützen

Und aus Deinem Mitgefühl heraus

Und Deiner Liebe

Und Deiner Weisheit

Machtest Du mich

Zu einem Elternteil

ೞ ಛ

I Wanted

I wanted enlightenment
I wanted a guru
I wanted to know myself
And the world

I wanted a teacher just for me
Every day
To be here
To guide me
To scold me
To support me

And in Your compassion
And Your love
And Your wisdom

You made me
A parent

Ich sehnte mich

Ich sehnte mich danach
Dich zu erkennen
Diese Welt ist nicht
So interessant
Und ich betete darum
Und sehnte mich danach
Und schließlich hörte ich
Deine Stimme
Papa ...

ஒ ௸

I Longed

I longed
To know You
This world is not
That interesting
And I prayed for that
And I longed for that
And finally I heard
Your voice
Daddy ...

ಬಿ ಛ

Wichtig zu sein

Ich möchte wichtig sein
Reichtümer haben
Ländereien
Von Bedeutung sein
Eine Spur hinterlassen
Glücklich sein
Froh
Zufrieden
Du gabst mir mehr
Als wonach ich fragte

Du machtest mich zu einem Vater

Being Important

*I want to be important
To have riches
And lands
To mean something
To leave a trace
To be happy
And joyous
And satisfied
You gave me more
Than I asked*

You made me a father

Die Wolke

Die Wolke ist nichts als der Ozean
Vermischt mit einem Sonnenstrahl

Der Fluss nichts als die Wolke
Vermischt mit einem kalten Wind aus den Bergen
Das Tal hinunter sehnt er sich
Nach dem Ozean

So bin ich – nichts außer
Dir

Rolle die Täler des Lebens hinab
Und sehne mich danach zurück
Mit Dir zusammen zu sein

The Cloud

The cloud is nothing but the ocean
Mixed with a ray of sun

The river is nothing but the cloud
Mixed with a cold wind of the mountain
Down the valley the river
Longs to be with the ocean

So am I, nothing but
You

Rolling down the valleys of life
Longing to be back
With You

Ich bin

Ich bin erstaunlich
Sterne in meinen Augen
Universen in meinen Gedanken
Menschen in meinem Herzen

Die Kühle Brise macht mich noch schöner

Ich bin so erstaunlich
So wie du
Mein Bruder

I Am

I am amazing
Stars in my eyes
Universes in my thoughts
People in my heart

Cool Breeze is making me even more beautiful

I am so amazing
Just like you
My brother

Der See

Ich bin schön
Sagte der See

Schau, die Lotusblumen
Auf meiner Oberfläche
Keine von ihnen
Gäbe es
Ohne mich

Weise, still
Duftend
Lächelten die Lotusblumen
Und erinnerten sich an den Schlamm

The Lake

I am beautiful
Said the lake

Look at the lotuses
On my surface
None of them
Would be
Without me

Wisely, silently
Spreading fragrance
The lotuses smiled

Remembering the mud

Zweck

Die Galaxien
Ihre Sonnen
Die Milchstraße
Der Mond

Der Baum
Jeder Grashalm
Hinter meinem Haus
Jedes Körnchen Staub
Vom Winde geweht
Jede Flocke
Eines jeden Schneesturms
Jeder Tropfen
Eines jeden Regens

Alle
Haben einen Zweck
Das Universum würde sich nicht drehen
Ohne sie

Das gilt auch für dich und mich
Nicht mehr
Nicht weniger

Purpose

    The galaxies
    Their suns
  The Milky Way
    The moon

The tree
Each grass blade
Behind my house
Each speck of dust
Blown by the wind
Each snow flake
Of every snow storm
Each raindrop
Of each rain

    They all
  Have a purpose
The universe would not spin
    Without them

So am I and so are you
    No more
    No less

Babys

Das Kätzchen und vom Elch das Kälbchen
Liefen beide durch das Wäldchen
Verirrten sich bei all den Wegen
Und setzten sich, es zu bereden

Du bist groß, schnell wie der Wind
Stellte fest das Katzenkind

– Stimmt, doch klettern hoch im Baum
So wie du, das wär mein Traum
Ohne solch Geschicklichkeit
Was nützt mir Größe, Schnelligkeit

Wie kann es solche Freundschaft geben?
Fuhr fort der kleine Elch zu reden
Fragt ein jeder sich und jeden
Doch das ist einfach zu verstehen
Sind wir doch ähnlich zueinander
Ja, kaum verschieden voneinander
Wir sind Babys, also kleiner
Als unsere Eltern und für sie
Sind wir die Welt

Wir mögen Spiele, lieben das
Den ganzen Tag, kein Unterlass
Wir mögen Milch und kichern gerne
Lieben Kekse, süße Kerne

Babies

Baby Cat and Baby Moose
Knowing not which way to choose
When they're going for a walk
They are sitting down and talk

You are big and strong and tall
Said the little Baby Cat

– True, but you can jump from tree to tree
There's the place I'd like to be
But I can't, so being tall
Isn't helping me at all

People say how come we're friends
Keep on talking Baby Moose
When they're seeing us together
But it's simple and it's clever
We are truly like each other
No more different than another
We're both babies, so we're smaller
Than our parents and for them
We're the world

We like both to play
Keep on doing it all day
We like milk, we like to giggle
Cookies are the best to nibble

Zu plantschen, durch die Pfützen stieben
Genauso wie im Gras zu liegen
Das macht uns Spaß – nicht zu vergessen
Durch Felder laufen und relaxen

Sowohl in deinem als auch meinem
Gesicht zwei Augen stehn und scheinen
Zwei Ohren rechts und links davon
Gehören auch zu der Fasson

Auch unsre Mäulchen klein und winzig
Von der See bis an die Kinzig
Benutzen oft wir, gern und witzig

Auch Beine haben wir zwei Paar
Die uns helfen wunderbar
Von hier nach da, von A nach B
Zu kommen ohne Müh und Weh

Nun, so wie die Dinge liegen
Sind wir eh'r ähnlich, denn verschieden
Mit dir zusammen möcht ich sein
Die ganze Zeit, tagaus, tagein
Denn solche Freunde, hört die Rede
Gibt es selten auf der Erde

Damit schweigt das Elchenkind
Doch weiter geht es ganz geschwind
Denn auch das Kätzchen ist nicht blind

We like playing in a puddle
In the grass we like to cuddle
On the fields we like to run
And do nothing in the sun

If you look at you and me
We both have two eyes to see
Two small ears to hear we've got
And we wear them very proud

Tiny mouth we both have one
Using it is so much fun
when you're talking to someone

Legs a couple pairs we have
And we use them very safe
Jumping up and here and there
They can take us everywhere

If you're wise and look and see
We're more like than not alike
All day long with you I'd be
Better friends someone might
Find somewhere in world
But not easy, so I'm told

Baby Moose ended his speech
What the baby cat did say
We will tell you right away

Ja, mein Freund, du hast ganz Recht
Unsre Freundschaft, die ist echt
Hab es nie gesehn wie du
Es scheint ganz einfach, ja, nur zu

Das Bisschen anders sein, der Daus
Was macht das denn uns schon aus
Unsre Freundschaft kriegt Applaus

Du bist groß und ich bin klein
Wenn auch ich will größer sein
Kann ich auf deinen Rücken steigen
Und auch klettern in den Zweigen

Kann dir dann schildern, kann dann wachen
Und wir genießen, schwelgen, lachen
Teilen Träume, Spielzeugsachen

Du frisst das Gras, ich mag es nicht
So werden wir uns niemals streiten
Unsre Freundschaft ist ein Licht
So sei's bekannt unter den Leuten

*Yes, my friend, you are so right
Our friendship's very bright
Never looked at it this way
Things seem simple, I might say*

*We are different in some ways
But that doesn't mean a bit
Our friendship is a hit*

*You are tall and I am not
If I want a higher spot
I can travel on you back
I can get up in the tree*

*And I tell you what I see
We share things and we enjoy
Every dream end every toy*

*You like grass, I like it not
So we never have a fight
Friendship awesome we have got
Everybody'll know I'm right*

Schnell wie ein Blitz
So wunderschön
So ist das Leben

Lightning a second
So beautiful
So is life

Die Schönheit der Nacht
Wird verdunkelt
Vom Tag

The beauty of the night
Is darkened
By the day

Eine Wolke als Tinte
Der Wind als Stift
Malen am Himmel

The ink a cloud
The pen the wind
Painting on the sky

Keine Blätter am Baum
Der neue Mantel kommt bald
Der Schnee

No leaves in the tree
New coat coming soon
The snow

Brrr. Kalte Luft, frostiger Winter
Doch hoch fliegen immer noch
Die Vögel

Brrr, air is cold, winter is chilly
Still flying high
The birds

Keine Früchte dieses Jahr
Der Apfelbaum
Braucht einen Schnitt

No fruit this year
The apple tree
Needs pruning

Verschwommene Welt
Der alte Mann
Braucht eine neue Brille

Blurry world
Old man
Needs new glasses

Lautlos hilft
Dem Gras zu wachsen
Ein Sonnenstrahl

Silently, helping the
Grass grow
A sun ray

Auf dem See
Läuft ein Wasserläufer
Schlittschuh

Lake surface
A spider
Skating